Christine Andres

Hunde
erfolgreich
ausstellen

CADMOS
HUNDEBÜCHER

Inhalt

Impressum

Copyright © 2002 by
Cadmos Verlag GmbH, Lüneburg
Gestaltung und Satz: Ravenstein, Verden
Druck: Westermann Druck, Zwickau
Lektorat: Dr. Gabriele Lehari
Coverfotos: Widmann

Alle Rechte vorbehalten.
Abdrucke oder Speicherung in
elektronischen Medien nur nach
vorheriger schriftlicher Genehmigung
durch den Verlag.
Printed in Germany.

ISBN 3-86127-658-5

Einleitung

Seit Generationen, und im Laufe ihres Zusammenlebens, hat der Mensch seinen vierbeinigen Gefährten dazu erzogen, an seinem Leben teilzunehmen. Schon zu allen Zeiten, von Alexander dem Großen über Heinrich IV., von Madame de Pompadour bis zu Elizabeth II., wurde dem besten Freund des Menschen die sorgfältigste Pflege zuteil, um ihn zu verschönern. Diese Tradition wird in der heutigen Zeit intensiv fortgesetzt, wobei man sich auch wissenschaftlich für den Hund interessiert. Mehr als je zuvor werten Fachkräfte die psychischen Eigenschaften und physischen Besonderheiten der verschiedenen Hunderassen aus.

Rassehundeausstellungen haben sich über die Jahre zu gesellschaftlichen Ereignissen entwickelt, bei denen nicht nur Züchter ihre kynologischen Ergebnisse präsentieren, sondern auch interessierte Besucher den ersten Kontakt mit ihrer Rasse aufnehmen. Nicht selten darf man diese Hundefreunde später als neue Aussteller willkommen heißen.

Hundeausstellungen spalten dennoch die Meinungen vieler Menschen – auch jene von Hundebesitzern. Manch einer denkt dabei vor allen Dingen an Vierbeiner, die in ihren Käfigen warten, bis ihre Besitzer sie herausholen, um sie zu färben, das Haarkleid zurechtzuschneiden und bis zum Exzess zu kämmen. Und wehe, wenn das liebe Hündchen dann im Ring nicht das macht, was der Besitzer von ihm verlangt! Für den anderen ist der Besuch einer solchen Ausstellung oft der letzte Schritt, um selbst begeisterter Aussteller und erfolgreicher Züchter zu werden.

Häufig fallen bei den anatomisch korrekten Hunden die Entscheidungen denkbar knapp aus. Dann entscheiden die Tagesverfassung und perfektes Handling über den Sieg. Und wer möchte diesen schon verschenken, wenn es gilt, ein paar Ratschläge zu befolgen, wie sie in diesem Buch zusammengestellt sind.

Von solch einem Erfolg träumt jeder Aussteller. Foto: Widmann

Hundeausstellungen gestern und heute

Die erste Hundeausstellung fand 1859 in Newcastle upon Tyne in England statt. In den darauf folgenden Jahren erfreuten sich solche Wettbewerbe auf der britischen Halbinsel zunehmender Beliebtheit.

Die alljährlich im Frühjahr stattfindende „Cruft's Dog Show" gilt bis heute als die Superschau der Hunde weltweit und ist benannt nach dem Begründer Charles Cruft, der zunächst Hundekuchen verkaufte und später Futtermittelhersteller war.

Diese English Bulldogs wurden auf der „Cruft's" ausgestellt. Foto: Schmitt

In Deutschland fand die erste Hundeschau 1863 in Hamburg im Rahmen einer landwirtschaftlichen Ausstellung statt; dabei wurden 247 Hunde überwiegend englischer Abstammung präsentiert. 1880 wurden bei einer Berliner Ausstellung bereits 1.045 Rassehunde angemeldet.

Während anfänglich vor allem die Besitzer von Jagdhunden ihr Interesse an solchen Ausstellungen bezeugten, waren inzwischen auch die verschiedensten Rassen von Nichtjagdhunden vertreten, für die ebenfalls ein Standard ausgearbeitet worden war.

Seither hat das Ausstellungswesen in Deutschland sehr unterschiedliche Entwicklungsphasen durchgemacht. Nachfolgeorganisation für das 1906 gegründete „Deutsche Kartell für Hundewesen" ist der „Verband für das Deutsche Hundewesen e. V." (VDH) mit Sitz in Dortmund, der wiederum Mitglied in der „Fédération Cynologique Internationale" (FCI) ist, die ihren Sitz in Thuin/Belgien hat. Dem VDH als Zusammenschluss verschiedener Verbände und Vereine gehören auf Bundesebene rund 160 Rassehundezuchtvereine, -verbände und Gebrauchshundevereine mit etwa 650.000 Mitgliedern an.

Nur Rassehunde aus VDH- oder ausländischen FCI-Zuchten oder mit entsprechenden Registerpapieren dürfen auch auf deutschen Hundeausstellungen unter dem Patronat des VDH gemeldet werden.

Heutzutage gibt es in Deutschland neben dem VDH unzählige weitere größere und kleinere Klubs und Verbände, die ebenfalls Hundeausstellungen organisieren und die Teilnahme weder von einer Vereinszugehörigkeit noch von VDH/ FCI-Ahnentafeln abhängig machen und häufig sogar Mischlinge bewerten.

Früher wurden besonders häufig Jagdhunde wie diese Pointer auf Ausstellungen gezeigt. Foto: Schmitt

Gründe für einen Ausstellungsbesuch

Rassehundeausstellungen werden sachlich richtiger „Zuchtschauen" genannt und sind in erster Linie zuchtfördernde Einrichtungen, denn sie geben Aufschluss über das Zuchtniveau einer Rasse. Auf Zuchtschauen erfährt der Hundehalter den Formwert seines Hundes durch einen Ausstellungsrichter. Die Überprüfung nach Rassefehlern und die Bewertung nach Vorzügen, Mängeln und der Gesamterscheinung entscheiden darüber, ob der Hund zur Zucht tauglich ist oder nicht.

Diese Bewertung ist wohl grundsätzlich notwendig, aber eher sekundär, wenn es um die Beurteilung geht, die der Hundefreund selbst

Die Beurteilung des Hundes durch einen Richter ist für den Züchter sehr wichtig. Foto: Schmitt

vorzunehmen und zu verantworten hat, und zwar die Einschätzung des Wesens und des Charakters seines Hundes.

Die Züchter erhalten auf Zuchtschauen wertvolle Hinweise über die Rasse für ihre eigene Zucht. Während für den so genannten Liebhaberausteller im Vordergrund steht, seinen Hund zu zeigen und möglichst einen Preis zu erringen, geht es dem versierten Züchter vielmehr darum, seine Hunde im Rahmen des gegenwärtigen Zuchtniveaus eingeordnet zu wissen.

Durch das Beobachten anderer vorgestellter Hunde und auch ausländischer Rassevertreter erhält der Züchter Anregungen für neue Verbindungen in seiner eigenen Zucht. Das Urteil eines sachkundigen und erfahrenen Richters bestätigt ihm, inwieweit der vierbeinige Gefährte dem Standard, also dem Idealbild seiner Rasse, entspricht.

Der größte Teil der präsentierten Hunde wird von den bereits erwähnten Liebhaberausstellern gestellt. Diese hegen in der Regel keine

züchterischen Ambitionen. Sie finden Freude an dem sportlichen Wettbewerb, suchen den Kontakt zu Gleichgesinnten und nutzen diesen Rahmen zum Fachsimpeln.

Rassestandard

Der Rassestandard versucht ein ideales Exemplar einer Hunderasse in Worten zu beschreiben und ist damit Grundlage für die Beurteilung des Hundes im Ausstellungsring. Dieser Standard wird immer von der entsprechenden Vereinigung im Ursprungsland für eine Hunderasse festgelegt – beim Deutschen Schäferhund zum Beispiel in der Bundesrepublik Deutschland – und nach diesem Standard richten sich alle Länder der Welt.

Als „Wortbild" ist der Rassestandard jedoch vielen unterschiedlichen Interpretationen durch Richter wie Aussteller unterworfen.

Die Richter haben keine leichte Aufgabe und erfüllen sie nach bestem Wissen und Gewissen. Bevor Sie beschließen, Ihren Hund zu einer Zuchtschau zu melden, sollten Sie nicht nur den

Dieser Chow-Chow kommt dem Idealbild seiner Rasse sehr nahe. Foto: Allgemeiner Chow-Chow Club (ACC)

Rassestandard genau studiert haben, sondern auch Ihren eigenen Hund an den Vorgaben des Standards messen. Garantien für einen späteren Ausstellungssieger vermag beim Welpenkauf kein noch so erfolgreicher Züchter zu geben. Sie können beim Welpenkauf nur auf einen seriösen Züchter mit erfolgreichen Ausstellungshunden vertrauen.

Wer sich einen Hund für den Showring kaufen möchte, kann natürlich einen älteren Hund erwerben, bei dem die körperliche Entwicklung weitestgehend abgeschlossen ist, oder für teures Geld einen bereits ausstellungserfahrenen, prämierten Rassehund wählen.

Bei Berner Sennenhunden wird eine weiße symmetrische Blesse- und Fangzeichnung gefordert. Foto: Andres

Das Zuchtschauwesen

Einteilung von Zuchtschauen und die Formwertnoten

Man unterscheidet (1) Spezialzuchtschauen des VDH, (2) allgemeine Rassehundezuchtschauen und (3) internationale Rassehundezuchtschauen, auf denen das CACIB (Certificat d'Aptitude au Championat International de Beauté = Anwartschaft auf das Internationale Schönheits-Championat) vergeben wird.

Der VDH hält zudem einmal jährlich jeweils eine Bundessieger-Zuchtschau sowie eine Europasieger-Zuchtschau ab. Die einzelnen

Rassehundezuchtvereine können darüber hinaus auf Sonder- und Spezialzuchtschauen Klubsiegertitel und Anwartschaften nach ihren eigenen Bestimmungen vergeben.

Alle großen Schauen müssen vom VDH genehmigt werden, wobei CACIB-Schauen noch der zusätzlichen Genehmigung durch die FCI in Brüssel bedürfen.

Die wertvollsten Titel, welche die FCI vergeben kann, sind:

· *Internationaler Schönheits-Champion für Hunde ohne Arbeitsprüfung*
· *Internationaler Schönheits-Champion für Hunde mit Arbeitsprüfung*
· *Internationaler Arbeits-Champion*

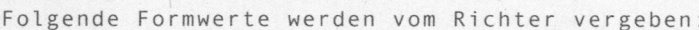

Folgende Formwerte werden vom Richter vergeben:

Vorzüglich (v) *darf nur einem Rassehund zuerkannt werden, der dem Idealstandard der Rasse sehr nahe kommt, in ausgezeichneter Verfassung vorgeführt wird, ein harmonische, ausgeglichenes Wesen ausstrahlt, „Klasse" und eine hervorragende Haltung hat. Seine überlegenen Eigenschaften seiner Rasse gegenüber werden kleine Unvollkommenheiten vergessen machen, aber er wird die typischen Merkmale seines Geschlechtes besitzen. Ein Siegertitel setzt die Formwertnote „Vorzüglich" voraus. Der beste Hund seiner Rasse und Klasse erhält ein V1, die nächstplatzierten V2, V3 und V4.*

Sehr gut (sg) *wird nur einem Hund zuerkannt, der die typischen Merkmale seiner Rasse besitzt, von ausgeglichenen Proportionen und in guter Verfassung ist. Man wird ihm einige verzeihliche Fehler nachsehen, jedoch keine morphologischen. Dieses Prädikat kann nur einem „Klassehund" verliehen werden. Vergeben werden auch hier die Plätze 1 bis 4.*

Gut (gt) *ist einem Hund zu erteilen, der die Hauptmerkmale seiner Rasse besitzt, aber Fehler aufweist, unter der Bedingung, dass diese nicht verborgen werden.*

Genügend (ggd) *erhält ein Hund, der seinem Rassetyp genügend entspricht, ohne dessen allgemein bekannten Eigenschaften zu besitzen, bzw. dessen körperliche Verfassung zu wünschen übrig lässt.*

Nicht genügend (nggd) *erhält ein Hund, der nicht dem durch den Standard vorgeschriebenen Typ entspricht, eindeutig nicht standardgemäßes Verhalten zeigt, mit einem Hodenfehler behaftet ist, einen erheblichen Zahnfehler oder eine Kieferanomalie aufweist, einen Farbund/oder Haarfehler hat oder Zeichen von Albinismus erkennen lässt. Dieser Formwert ist ferner dem Hund zuzuerkennen, der einem einzelnen Rassemerkmal so wenig entspricht, dass die Gesundheit des Hundes beeinträchtigt ist. Mit diesem Formwert wird auch ein Hund bedacht, der nach dem für ihn geltenden Standard einen schweren bzw. disqualifizierenden Fehler hat.*

Ohne Bewertung *bleibt ein Hund, der sich nicht beurteilen lässt, zum Beispiel die Zahnkontrolle nicht zulässt, oder an dem offensichtlich Eingriffe vorgenommen wurden, um über Befunde hinwegtäuschen zu wollen.*

Der Japan Chin ist nur selten auf Ausstellungen zu bewundern. Foto: Lehari

Die Welthundeausstellung unter dem Patronat der FCI findet einmal jährlich jeweils in einem anderen Land statt. Nur auf der Welthundeausstellung werden die begehrten Titel „Weltjugendsieger" und „Weltsieger" ausgeschrieben.

Das Urteil des Richters ist grundsätzlich unantastbar. Weder der Richterobmann noch der Ausstellungsleiter haben das Recht, auf die Entscheidung des Formwertrichters Einfluss zu nehmen.

Ein immer wieder aufkommendes Problem ist die Diskussion der Aussteller über die Formwertnoten bzw. Bewertungen der Hunde. „Ja, mein Hund hat bei der letzten Ausstellung ein V1 bekommen und heute ‚nur' ein V3 oder ein SG." Der Hund hat sich natürlich nicht innerhalb von zwei Ausstellungen verschlechtert oder seine anatomischen Qualitäten eingebüßt, aber die sind ja auch nicht allein für die Bewertung eines Hundes maßgebend.

Der Hund hatte heute vielleicht einen schlechten Tag oder die Konkurrenz war eben noch ein wenig besser. Ein Formwertrichter kann einen Hund nur so beurteilen, wie er ihn am Tag der Ausstellung im Ring vorgestellt bekommt.

Da der Hund ein Lebewesen ist, kann auch er nicht jeden Tag wie ein Schweizer Uhrwerk funktionieren.

Wenn Ihr Hund bei einer Ausstellung in seiner Rasse und Klasse siegt, hat er die Qualifikation für die Teilnahme an der „Best In Show"-Ausscheidung erreicht.

Diese fünf Basenjis stellen eine Nachzuchtgruppe dar. Foto: Widmann

Beim Junior-Handling wird die Art der Präsentation bewertet. Foto: Widmann

Wettbewerbe

Eine CACIB-Schau bietet neben den Championats-Anwartschaften interessante Wettbewerbe an. Nach Beendigung des Richtens werden aus den am besten bewerteten Hunden der Jugend-, Offenen, Gebrauchshunde-, Sieger-, Veteranen- und Ehrenklasse die Gewinner ermittelt. Die beiden Hunde (Rüde und Hündin) werden dann einander gegenübergestellt, um den „Besten der Rasse" (Best Of Breed = BOB) zu prämieren.

Der Höhepunkt einer jeden großen Ausstellung ist die Vorführung der Gruppensieger im Ehrenring zur Ermittlung des besten Hundes der Schau (Best In Show = BIS). Die Plätze zwei und drei werden ebenfalls vergeben.

Weitere Wettbewerbe

Wettbewerb	Veteranen	Zuchtgruppe	Nachzuchtgruppe	Paarklasse
Voraussetzung	Hunde ab 8. Lebensjahr	drei Hunde einer Zuchtstätte	fünf Hunde eines Rüden oder einer Hündin aus zwei Würfen	Rüde und Hündin im Besitz ein und desselben Ausstellers
Formwertnote	wird nicht vergeben	mindestens ein „Gut" in der Einzelbewertung	mindestens ein „Gut" in der Einzelbewertung	mindestens ein „Gut" in der Einzelbewertung
Platzierung	die besten drei werden platziert	die besten drei werden platziert	die besten drei werden platziert	die besten drei werden platziert

Eine sehr schöne Sache ist das so genannte Junior-Handling, ein Vorführwettbewerb für Kinder und Jugendliche. Es ist ein „Vorbereitungskurs" für die Aussteller von morgen und erfreut sich großer Beliebtheit.

Früh übt sich! Dieser American Cocker Spaniel fiel noch nicht unter das Kupierverbot. Foto: Bräutigam

Es wird hier nicht die Qualität der ausgestellten Hunde bewertet, sondern die Präsentation des Hundes im Stand und in der Bewegung, Rücksichtnahme in der Gruppe, Pflegezustand des Hundes und natürlich das Auftreten und die zweckentsprechende Kleidung des Kindes bzw. des Jugendlichen.

Das Junior-Handling wird in zwei Altersstufen eingeteilt:

a) Altersklasse 1: 9 bis 12 Jahre
b) Altersklasse 2: 13 bis 17 Jahre

Die Vergabebedingungen für Championate

Das CACIB ist eine Anwartschaft auf den Titel „Internationaler Champion". Voraussetzungen für diesen Titel: Die Anwärter müssen in ein vom VDH/FCI anerkanntes Zuchtbuch eingetragen und am Tage der Ausstellung mindestens 15 Monate alt sein. Das CACIB kann nur einem Hund erteilt werden, der in der „Vorzüglich"-Gruppe als Erster platziert wurde, die Vergabe liegt jedoch im Ermessen des Richters. Um den Titel „Internationaler Champion" tragen zu dürfen, benötigt der Hund vier Anwartschaften (CACIB) in drei verschiedenen Ländern, unter drei verschiedenen Richtern und unter Berücksichtigung der Anzahl der ausgestellten Konkurrenten, davon eine im Wohnsitzland des Eigentümers. Bei Hunden mit Arbeitsprüfung sind nur zwei CACIB erforderlich, die unter zwei verschiedenen Richtern in zwei unterschiedlichen Ländern erlangt worden sind, sowie die bestandene Arbeitsprüfung.

Für alle gilt, dass zwischen dem ersten und dem letzten CACIB ein zeitlicher Zwischenraum von mindestens einem Jahr liegen muss. Die jeweils zweitbesten Tiere können gemäß der Formwertnote „Vorzüglich II" das Reserve-CACIB erhalten.

Damit der Hund den Titel „Internationaler Champion" erhält, muss der Besitzer die CACIB-Vorschlagskarten an den VDH (in Österreich an den ÖKV, in der Schweiz an den SKG) schicken. Für die Bestätigung des Championtitels ist eine Gebühr an die FCI zu entrichten.

Das CAC ist eine Anwartschaft auf den Titel „Deutscher Champion" und kann in der Offenen, Sieger- und Gebrauchshundeklasse vergeben werden, wenn diese Hunde mindestens die Formwertnote „Vorzüglich" erhalten haben. Darüber hinaus kann für den zweitbesten Rüden und die zweitbeste Hündin mit der Formwertnote „Vorzüglich" die Reserveanwartschaft vergeben werden. Zum Erwerb des Titels „Deutscher Champion" sind vier errungene CAC-Anwartschaften unter drei verschiedenen Richtern erforderlich, wobei mindestens ein Jahr zwischen dem ersten und dem letzten CAC liegen müssen.

Daneben werden noch Anwartschaften auf den Titel „Deutscher Champion (VDH)" gemäß den gültigen Vergabebedingungen des VDH ausgegeben. Zum Erwerb dieses Titels sind vier von der VDH-Geschäftsstelle bestätigte Anwartschaften nachzuweisen. Dabei muss ebenso zwischen der ersten und der letzten Anwartschaft wenigstens ein Jahr liegen. Die Anwartschaften müssen unter mindestens drei verschiedenen Zuchtrichtern erworben sein.

Wer wird hier wohl Sieger? Foto: Widmann

Vorbereitungen auf die Zuchtschau

Meldeformalitäten

Hundefreunde fragen sich oft, wer eigentlich seinen Hund zur Ausstellung melden kann, welche Formalitäten notwendig sind, wie der Verlauf einer solchen Veranstaltung ist und wo man Termine und Veranstaltungsorte erfährt.

Für Hundebesitzer, die noch keinem Verein angehören, ist es zwar etwas schwieriger, rechtzeitig die Ausstellungstermine zu erfahren, aber in der Regel hilft dann der Züchter weiter, bei dem man seinen Hund gekauft hat, oder man informiert sich in der monatlich erscheinenden VDH-Vereinszeitschrift „Unser Rassehund" oder im Internet.

Ein seltener Anblick:
Ein Zuchtpaar Curly Coated Retriever auf einer Ausstellung.
Foto: Widmann

Anmeldung zur Zuchtschau:

Meldeunterlagen können Sie bei den jeweiligen Sonderleitern der ausgeschriebenen Zuchtschau anfordern. Melden Sie Ihren Hund vor Ablauf des Meldeschlusses bei der Ausstellungsleitung an. Bitte beachten Sie bei den CACIB-Ausstellungen die Angaben zum Meldeschluss, denn damit verbunden sind die unterschiedlich gestaffelten Meldegebühren. Die Meldegebühren liegen derzeit zwischen 40 und 50 Euro für eine CACIB-Schau und beziehen sich immer auf den ersten Hund inklusive Kataloggebühr. Die Gebühren für weitere Hunde entnehmen Sie bitte den Zuchtschau-Unterlagen.

Man füllt das Meldeformular sorgfältig mit Schreibmaschine oder gut leserlich in Druckschrift aus. Wichtig sind der korrekte Name des Hundes, das Geschlecht, der Wurftag, die Zuchtbuchnummer, Name und Adresse des Züchters sowie Name und Adresse des Besitzers, eventuelle Siegertitel und bei bestimmten Rassen Haarart, Farbschlag und Größe.

Die Rute des American Cocker Spaniels wurde früher kupiert. Dieser gehört zu den ersten unkupierten Exemplaren. Foto: Lehari

Klasseneinteilung

Melden Sie Ihren Hund unbedingt in der richtigen Klasse. Auf Zuchtschauen werden die Hunde getrennt nach Rüden und Hündinnen in verschiedenen Klassen gerichtet. Auf Internationalen Zuchtschauen, bei denen das CACIB vergeben werden kann, sind folgende Klassen zugelassen:

- **Offene Klasse** (ab 15 Monate)
- **Arbeitsklasse** (Gebrauchsklasse mit nachgewiesenen Arbeitsprüfungen)
- **Siegerklasse** (internationale und nationale Siegertitel wie Deutscher Champion etc.)

Veterinärmedizinische Bestimmungen

Windhunde bilden eine eigene Ausstellungsgruppe. Foto: Widmann

Unerlässlich ist eine gültige Tollwutimpfung, die mindestens vier Wochen zurückliegen muss und nicht älter als zwölf Monate sein darf.

Den Impfpass müssen Sie während der Ausstellung stets bei sich führen und auf Verlangen vorzeigen. Ohne Impfpass kann Ihr Hund nicht in die Ausstellung eingelassen werden.

Nach der neuen Tierschutz-Hundeverordnung gilt ab 1. Mai 2002 ein Ausstellungsverbot für folgende Hunde aus dem In- und Ausland: Ohren kupiert nach dem 1. Januar 1987 sowie Rute kupiert nach dem 1. Juni 1998. Ausnahmen bilden hier Hunde aus jagdlicher Verwendung (Ausnahmeregelung nach Deutschem Tierschutzgesetz).

Das Ausstellungsverbot gilt weiterhin nicht in den Fällen, bei denen eine medizinische Indikation vorliegt; eine entsprechende Bescheinigung ist der Meldung beizufügen.

Die Offene Klasse ist für alle Hunde offen. In dieser Klasse ist die Spannweite sehr breit. Hier starten Hunde, die kurz vor dem Sprung in eine Siegerklasse stehen, ebenso wie Hunde, die eben erst der Jugendklasse entwachsen oder noch nicht zu großen Ehren gekommen sind. Der beste Rüde und die beste Hündin einer Rasse können das CACIB erhalten. (Es muss nicht vergeben werden.) Die jeweils zweitbesten Tiere das Reserve-CACIB.

Klassen, die nicht das CACIB erhalten können, sind die Jugendklasse für Hunde von neun bis 18 Monate, die Jüngstenklasse von sechs bis neun Monate und die Ehrenklasse und „Außer Konkurrenz" startende Teilnehmer. In der Jüngstenklasse werden nur die Bewertungen „Viel versprechend" (Vv), „Versprechend" (Vsp), „Wenig versprechend" (Wv) erteilt.

In der Jugendklasse darf einem Hund noch nicht die Bewertung „Vorzüglich" erteilt werden; dort ist die Höchstnote ein „Sehr Gut".

Die Zuchtklasse wird nicht auf allen Ausstellungen ausgeschrieben. Hier werden Hündinnen ausgestellt, die erst kürzlich geworfen haben. Speziell für Langhaarhunde ist diese Klasse sehr wichtig, da diese Hunde nach dem Werfen stark abhaaren und in der offenen Klasse gegenüber anderen Hunden, die voll im Haarkleid stehen, ohne Chance sein würden.

Die FCI-Einteilung, an welchem Tag Ihre Rasse gerichtet wird, entnehmen Sie bitte der Ausschreibung.

Man unterteilt alle Hunderassen in vier große Ausstellungsgruppen: (1) Schäfer-, Wach- und Schutzhunde mit/ohne Arbeitsprüfung, (2) Jagdhunde, (3) Begleithunde, (4) Windhunde. Diese Gruppen sind in sich wieder untergliedert.

Der Old English Sheepdog zählt als Schäferhund zur Ausstellungsgruppe 1. Foto: Widmann

Utensilien für die Schau

Auf den großen CACIB-Schauen stehen den Ausstellern Boxen zur Unterbringung ihrer Hunde zur Verfügung. Diese sollte man zuvor desinfizieren und sie für seinen Vierbeiner mit einer dicken und warmen Decke auslegen. Viele Aussteller von Kleinhunderassen, vor allem wenn sie mehr als einen Hund ausstellen, haben sich

Diese Basenjis frieren gewiss nicht in ihrer Box.
Foto: Schmitt

roll- und stapelbare Käfige besorgt. Zum einen haben die Zwerghunde darin ihre Ruhe während des Wartens, zum anderen können auf diese Weise problemlos mehrere Hunde transportiert werden.

Für die Ausstellung sollte man – neben dem Hund – Folgendes dabeihaben:

- **Hundebox** oder **Käfig**
  (falls auf der Schau nicht vorhanden und insbesondere für Kleinhunde)
- **Kugelschreiber**, **Wassernapf** und **Trinkwasser**
- **Tuch** für die Augen, **Handtuch**, **Pflegewerkzeug**
- eine dünne **Nylonleine** als Vorführleine (passend zur Farbe Ihres Hundes)
- **Tisch** (insbesondere für kleinere Rassen, an denen noch der letzte Schliff mit Bürste und Kamm vorgenommen wird)
- **Stuhl**
- **Hundeleckerlis** für das Vorführen und Belohnen und gegebenenfalls Futter für den Hund

- **Essen** und **Getränke** für sich selbst und für die Begleiter, so man die Bewirtungskosten vermeiden möchte
- Und zu guter Letzt: **Plastikbeutel** und **Papiertücher** für den Fall, dass sich Ihr Hund nicht rechtzeitig vor oder nach der Schau lösen konnte

Keinesfalls dürfen Sie die notwendigen Ausstellungsunterlagen wie **Impfpass**, **Ahnentafel**, Kopien von eventuell schon errungenen **Anwartschaften** sowie **Einlasskarte** und **Meldebestätigung**, wenn diese von der Ausstellungsleitung vorab verschickt wurde (das ist von Ausstellung zu Ausstellung unterschiedlich), vergessen.

Wenn Sie dies alles beachten, sind Sie gut für Ihren ersten Ausstellungsbesuch gerüstet und können mit großer Vorfreude zur Ausstellung reisen.

Besonders Kleinhunde sind in einem Käfig gut aufgehoben.
Foto: Widmann

Wertvolle Tipps für Aussteller

Der Aussteller

Es ist kennzeichnend, dass in Amerika und England Spitzenhunde in den meisten Fällen von erfahrenen, berufsmäßigen Hundevorführern (so genannten Handlern) auf Ausstellungen zu ihren Siegen geführt werden, denn man braucht schon einige Zeit, um die notwendige Vorführtechnik für Hundeausstellungen zu erlernen. Versuchen Sie als Ausstellungsneuling, Ihren Rassehund nach gründlichem Ausstellungstraining vorteilhaft zu präsentieren.

Seriöse Kleidung wird von den Richtern gerne gesehen. Foto: Andres

Fahren Sie zu Ihrer ersten Schau möglichst mit einem erfahrenen Aussteller mit, denn er kann Ihnen garantiert weitere wertvolle Tipps verraten und Hilfestellungen bieten. Oder schauen Sie sich zunächst als Besucher eine Zuchtschau an.

Der Aussteller darf nicht nervös sein, denn seine Nervosität überträgt sich auf seinen Hund. Stets sollte er seinen Hund im Auge haben, nicht, wie es häufig zu beobachten ist, den Richter.

Der Aussteller sollte sich seriös kleiden und möglichst bequeme Schuhe tragen, denn er muss ja mit seinem Hund im Ring laufen können und darf dabei nicht riskieren zu stolpern oder zu fallen.

Ausländische Richter schätzen die legere Art mancher Aussteller, ihren Rassehund mit Jogginganzug und Turnschuhen im Ring zu präsentieren, eher weniger.

Pflege des Ausstellungshundes

Für den Erfolg auf einer Zuchtschau ist Voraussetzung, dass Ihr Hund tadellos gepflegt vorgestellt wird. Er sollte nicht zu lange Krallen sowie klare, reine Augen haben und er muss natürlich frei von Parasiten sein. Die richtige Pflege des Hundes ist das A und O. Es wird nämlich nicht nur der Rassestandard des Hundes bewertet, sondern auch sein Pflegezustand und der des Haarkleides.

Läufige Hündinnen sowie Welpen unter sechs Monaten sollten nicht ins Ausstellungsgelände gebracht werden.

Dieser Lhasa Apso hat ein prächtiges und perfekt gepflegtes Fell. Foto: Schmitt

Soll ein Malteser ausgestellt werden, ist die Fellpflege sehr zeitintensiv. Foto: Schmitt

zur vereinfachten Fellpflege auf Zuchtschauen nicht erlaubt! Offensichtliche Manipulationen am Hund können zur Disqualifizierung führen.

Es gibt Rassen, wie zum Beispiel den Pudel, bei denen es bestimmte Schurarten gibt.

Lassen Sie sich vom Züchter oder Spezialverein gerade bezüglich des Scherens oder des Trimmens (zum Beispiel bei Terriern) beraten, falls dies bei Ihrer Rasse erforderlich ist.

Selbstverständlich muss die Schur einige Tage vor dem Besuch der Ausstellung durchgeführt werden; Gleiches gilt auch für das Baden mit einem speziellen Pflegeshampoo. Auf der Zuchtschau selbst kann nur noch der letzte Schliff erfolgen.

Manche Hunderassen neigen zu Liegeschwielen an den Ellenbogen. Haben sich bereits Lederhäute gebildet, kommt jede Hilfe zu spät. Schützen Sie diese Stellen durch regelmäßiges Einfetten und Cremen vor dem Austrocknen. Ist das Fell noch da, aber immer filzig und zusammengedrückt, waschen Sie die Ellenbogen Ihres Hundes einmal wöchentlich mit einem milden Hunde- oder Babyshampoo.

Ein Bichon à poil frisè muss die rassetypische Schur erhalten. Foto: Lehari

Kreiden des Hundehaares ist auf Ausstellungen strikt verboten. In der Ausstellungsordnung des VDH heißt es dazu eindeutig: „Auf dem Zuchtschaugelände ist ein über das Kämmen und Bürsten hinausgehendes Zurechtmachen des Hundes unter Verwendung jedweder Mittel und Hilfen untersagt!" Stachelhalsbänder sind ebenso wie am Trimmtisch befestigte Galgen

Anschließend sehr gut trocknen und mit einer weichen Bürste aufbürsten. Das angedrückte, spröde Haar wird gelockert und wieder aufgerichtet.

Die meisten Ausstellungen finden in Hallen mit sehr glatten Böden statt. Das ist für den Hund nicht nur unangenehm, sondern gerade für junge Hunde durchaus gefährlich, denn sie können dort leicht ausrutschen und aufschlagen.

Es gibt Aussteller, die schwören auf eine im Fachhandel erhältliche spezielle Pfotenemulsion, die das Rutschen auf glatten Böden verhindert.

Ein Schutz an den Beinen sorgt dafür, dass das Fell nicht verschmutzt. Foto: Schmitt

Den Hund nicht überfordern

Wenn Sie Ihren Hund nun zu einer Ausstellung gemeldet haben, bereiten Sie ihn möglichst früh darauf vor. Vernünftigerweise beginnt man schon zeitig mit dem Besuch kleinerer regionaler Zuchtschauen. Nehmen Sie einen unerfahrenen Welpen aber noch nicht auf eine große Ausstellung mit. Der Lärm und der Trubel können selbst dem sichersten Hund so zusetzen, dass ein negativer Eindruck bleibt. Und ein ängstlicher, eingeschüchterter Hund wird sich niemals in seiner ganzen Schönheit zeigen.

Man sollte den Welpen langsam und geduldig auf die Eindrücke einer Ausstellung vorbereiten. Nehmen Sie Rücksicht auf die noch nicht sehr ausgeprägte Konzentrationsfähigkeit eines Welpen.

Gehen Sie mit Ihrem Hund an Plätze, wo sich viele Menschen und vor allem Hunde aufhal-

Nicht jeder Hund nimmt eine Ausstellung so gelassen hin. Foto: Widmann

ten, damit er den Umgang mit anderen Artgenossen und Menschen lernt. Aber bitte nicht alles auf einmal, sondern Schritt für Schritt! Zeigt sich der Hund ängstlich oder überfordert, brechen Sie den Ausflug ab und wiederholen Sie das Ganze bei etwas ruhigerer Atmosphäre. Nur so wird er lernen, mit den Alltäglichkeiten seiner Umwelt zurechtzukommen.

Planen Sie genügend Zeit ein, damit Sie als Aussteller samt Hund ausgeruht auf die Zuchtschau kommen.

Der Hund sollte vor Ausstellungsbeginn bereits gefüttert worden sein, denn unmittelbar nach der Fütterung ist der Hund eher müde und schläfrig. Außerdem sollte er sich schon im Freien gelöst haben.

Das richtige Laufen kann zu Hause im Garten geübt werden.
Foto: Lehari

Ausstellungstraining

Im Welpenalter beginnen

Beginnen Sie mit dem Training im Welpenalter. Den Welpen nur einen kleinen Moment stehen lassen und die Übung zweimal wiederholen ist zu Anfang völlig ausreichend. Seien Sie äußerst freundlich, aber konsequent zu Ihrem Hund, denn er soll das Stehen und Laufen als eine positive Übung erfahren. Wenn Sie mit Ihrem Hund nun das Ausstellungstraining beginnen, gestalten Sie es so, dass er Freude daran findet. Zeigt sich der Hund gut und steht korrekt, dann loben Sie ihn mit einem Leckerchen. Loben Sie nicht zu überschwänglich, damit er nicht an Ihnen hochspringt und zu spielen anfängt. Das Training sollte anfangs kurz sein und allmählich ausgedehnt werden. Sie werden schnell herausfinden, wie Sie bei Ihrem Hund die Aufmerksamkeit am besten erreichen und wie Sie ihn gut präsentieren.

Laufen und Anfassen

Der Hund darf im Ring weder an der Leine ziehen noch hin und her hüpfen. Flott und zügig an der Leine gehen muss er problemlos beherrschen. Ein Hund, der wie ein Gummiball auf und nieder hüpft oder ständig seinen Vorführer umarmt, kann von einem Richter nicht bewertet werden.

Verwenden Sie keinesfalls ein Brustgeschirr. Für Ausstellungen gibt es heute ganz leichte Vorführleinen aus Nylon, die für diesen Zweck zu empfehlen sind.

Es kann passieren, dass Ihr Liebling disqualifiziert wird, wenn er sich vom Richter nicht anfassen lässt, ihn anknurrt oder sogar angreift. Auch das Messen des Hundes (Schulterhöhe) sowie das Abtasten des Körpers bis hin zur Rute dürfen für den Ausstellungshund kein Problem sein. Das Anfassen durch fremde Personen sollte immer wieder und an den unterschiedlichsten Plätzen geübt werden.

Gebisskontrolle

Auf der Zuchtschau prüft der Richter die korrekte Stellung der Schneidezähne und öffnet den Fang, um zu sehen, ob das Gebiss vollständig ist. Es gibt zudem Rassen wie Chow-Chow oder Shar-Pei, bei denen auch die Pigmentierung der Zunge und des Zahnfleisches

Der Hund muss sich vom Richter problemlos anfassen lassen. Foto: Schmitt

überprüft wird. Entfernen Sie, soweit möglich, den Zahnstein oder lassen Sie dies vom Tierarzt durchführen.

Die Gebisskontrolle kann man schon spielerisch üben. Foto: Widmann

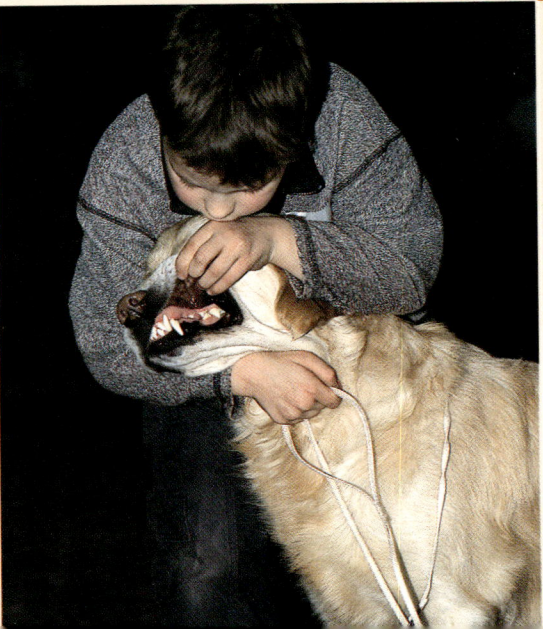

Bei kleinen Hunden erfolgt die Gebisskontrolle auf dem Richtertisch. Foto: Widmann

rufen, in dem Sie durch ein weggeworfenes Steinchen ein Geräusch verursachen, das die Aufmerksamkeit des Tieres weckt. Sprechen Sie ruhig auf den Hund ein und versuchen Sie, ihn für einige Minuten (anfangs Sekunden) im Stand zu halten. Loben Sie Ihren Hund, wenn dies gelingt. Auf das korrekte Stellen werde ich noch näher eingehen.

Stellen Sie Ihren Hund niemals mit Zwang oder Gewalt. Ein verängstigter Hund wird sich nicht frei zeigen!

Bitte beziehen Sie keine Familienmitglieder mit ein, um diese am Ausstellungstag am Ring zu postieren und somit die Aufmerksamkeit des Hundes zu erregen. Wildes Gestikulieren mit Quietsche-Entchen und Zurufen bewirkt meist eher das Gegenteil und wird nicht gern gesehen!

Sie sollten die Gebisskontrolle mehrfach zu Hause mit Ihrem Hund üben. Dazu legt man eine Hand zart an den Unterkiefer, die andere an den Oberkiefer. Mit den Fingern hebt man nun sachte die obere Lefze an und zieht die untere Lefze nach unten. Auch hierbei ist es wichtig, dass sich der Hund von Fremden anfassen lässt, ohne gleich aggressiv oder scheu zu reagieren.

Ringdressur

Der Junghund muss lernen still zu stehen, während der Richter ihn prüft. Ein maßvoll geübtes ruhiges Ringbenehmen trägt dazu bei, die Vorzüge des Hundes bestens zur Geltung zu bringen. Je aufmerksamer Ihr Hund dasteht, desto vorteilhafter wirkt er. Sie können dieses Stehen vorher mit Hilfe eines Kommandos wie „Pass auf!" üben, das Sie in dem Moment

Dieser Podenco Ibicenco präsentiert sich gerne. Foto: Widmann

Laufen im Ring

Beim Bewegungsablauf geht es darum, dass der Hund ohne zu galoppieren in freier, flüssiger Bewegung an der linken Seite neben seinem Führer trabt. Die Art und Weise, wie er sich bewegt, ist wichtig bei der Präsentation.

Natürlich sollte Ihr Hund, bevor Sie mit dem Training beginnen, ordentlich leinenführig sein. Legen Sie Ihrem Hund zu Beginn stets seine Ausstellungsleine an, damit er zwischen Unterordnungsübungen und dem Training für die Ausstellung unterscheiden kann. Der Hund sollte sich im Ring nicht in der Unterordnung befinden, denn er muss sich frei und freudig zeigen. Es gibt wahre Showtalente, die es sichtlich genießen im Mittelpunkt zu stehen, die förmlich neben ihrem Besitzer herschweben und alles zeigen, was sie in der Bewegung mitbringen. Freuen Sie sich, wenn Sie ein solches Exemplar besitzen, aber bitte verzweifeln Sie nicht, wenn das Gegenteil der Fall ist. Übung macht den Meister!

Auf der Zuchtschau gehen Sie zuerst mit Ihrem Hund und den anderen Hunden im Kreis im Schritttempo, wobei die Hunde innen laufen. In der Einzelbewertung laufen Sie eine gerade Strecke oder im Dreieck, ganz nach Wunsch des Richters. Die gerade Strecke laufen Sie im gleichmäßigen Trab vom Richter weg. Am Ende der Strecke drehen Sie Ihren Hund um, und zwar so, dass der Richter den Hund in der Drehbewegung sehen kann, das heißt, Sie gehen um den Hund herum. Nun laufen Sie gerade auf den Richter zu. Hierbei soll der Hund auf gleicher Linie mit dem Richter sein.

Anschließend wird noch einmal ein Kreis gelaufen, hierbei sollte der Hund natürlich auch innen laufen.

Man sollte immer so laufen, dass der Richter den Hund in seiner Bewegung gut sehen kann. Foto: Lehari

Die Reihenfolge der einzelnen Laufübungen kann auf den Zuchtschauen jeweils unterschiedlich sein.

Üben Sie im Garten oder auf einer Wiese auch das Dreieck. Achten Sie darauf, dass der Hundekopf stets aufrecht getragen wird. Versucht Ihr Hund am Boden zu schnüffeln, korrigieren Sie ihn durch Streicheln unter dem Kinn, durch Ansprechen oder mit Hilfe eines Leckerlis. Um den Hund im Trab am besten präsentieren zu können, müssen Sie unbedingt eine passende Schrittlänge finden.

Bitte vergessen Sie nie, den Hund am Ende Ihrer Übung mit einem Leckerli zu belohnen.

Das Stellen

Ihr Hund sollte frei und ungezwungen vor Ihnen stehen. Er sollte sein Gewicht gleichmäßig auf allen vier Beinen verteilt halten, dabei mit sei-

Korrigieren der Vorderläufe.
Foto: Verein der Setterfreunde (VDS)

Dauer der Bewertung Kontakt zu Ihnen haben. Den Hund im Stand aufzubauen bedarf einiger Übung. Um den Hund in die korrekte Ausstellungspose zu bringen, hält man ihn am Kopf und stellt beide Vorderläufe so, dass die Pfoten weder nach innen noch nach außen gedreht sind. Ist die Vorderfront richtig aufgestellt, korrigiert man nur noch, wenn notwendig, die Hinterläufe so, dass sie völlig parallel und nicht zu dicht zusammenstehen. Mit straff gehaltener Leine – das Halsband dicht hinter den Ohren – hält man mit der linken Hand den Hundekopf aufrecht und kann mit der rechten Hand die Rute in die gewünschte Stellung bringen. In dieser Pose soll der Hund nun verbleiben. Dafür empfiehlt sich das Kommando „Bleib!" oder „Pass auf!".

nen Beinen genau unter dem Schwerpunkt stehen und freudig zu Ihnen aufschauen. Trotz freudiger Rute sollte er dennoch relativ ruhig und ohne zu zappeln dastehen, seinen Platz beibehalten und möglichst über die ganze

Unschön wirkt das steile Hochziehen des Hundes an der Leine, um einen stolz aufgenackten Kopf und einen Stand auf Zehenspitzen zu erzielen, sowie das aus geringer Höhe Fallenlassen des Hundes (speziell bei kleinen Rassen).

Mit der Hand kann man die Rute in die gewünschte Stellung bringen. Foto: Schmitt

Dieser Pudel steht perfekt. Foto: Widmann

So sieht es in einer Ausstellungshalle aus. „Galgen", wie an diesem Trimmtisch, sind bei uns verboten. Foto: Andres

Der Ablauf einer Zuchtschau

Die Ausstellungsordnung besagt, dass der Hund erst nach Beendigung der Ausstellung aus der Box entfernt werden und das Gelände verlassen darf.

Dies ist damit zu begründen, dass es viele Besucher auf den Zuchtschauen gibt, die sich für ihr Eintrittsgeld möglichst viele Hunde und Rassen ansehen möchten. Sie sind dann umso enttäuschter, wenn sie anstelle des im Katalog ausgeschriebenen Hundes eine leere Box vorfinden.

Wichtig ist, dass der Hund vor Ausstellungsbeginn in die Ausstellung eingebracht wird.

Selbstverständlich ist Ihr Liebling schon am Vortag ausgiebig gekämmt worden, sodass nur noch ein kurzes Überkämmen erforderlich ist.

Bitte lassen Sie Ihren Hund nicht unbeaufsichtigt längere Zeit im Auto zurück. Bedenken Sie im Sommer zudem die heißen Temperaturen, die das Auto schnell zum Brutkasten werden lassen.

Am Eingang wird durch einen Tierarzt die Gültigkeit der Tollwutimpfung sowie der Allgemeinzustand des Hundes kontrolliert. Danach erhalten Sie an der Kasse oder an einem gekennzeichneten Stand am Halleneingang den

Vor dem großen Auftritt werden noch die Haarbänder entfernt. Foto: Widmann

nehmen. Die Reihenfolge der Klassen im Katalog entspricht meist auch der eingehaltenen Reihenfolge auf der Ausstellung. So wissen Sie schon einmal ungefähr, wann Sie an der Reihe sind.

Befestigen Sie Ihre Startnummer gut sichtbar mit einem Clip oder einer Sicherheitsnadel an Ihrer Kleidung. In der Hand halten Sie bitte nur die Vorführleine.

Die beste Stelle für die Startnummer ist Ihr linker Oberarm oder die linke Brustseite. Da Sie Ihren Hund immer links und in Richtung Richter führen sollten, ist Ihre Startnummer so in jeder Position sichtbar.

Warten auf das Richten

Wenn Sie in der Halle einen passenden Platz, nach Möglichkeit in der Nähe des Ringes, in dem Ihr Hund bewertet wird, gefunden haben, beginnen Sie den Hund auf die Ausstellung vorzubereiten. Neben dem Kämmen und Bürsten ist besonders das „Einlaufen" von Bedeutung.

Unter „Einlaufen" versteht man, dass sich der Hund an den Bodenbelag in der Halle gewöhnt. Beim Sonderleiter am Ring erfahren Sie den exakten Beginn des Richtens. Beachten Sie stets die Ringtafel, an der die Reihenfolge der Rassen bekannt gegeben wird. Wenn Ihre Startnummer an die Tafel geschrieben ist, haben Sie unverzüglich im Ring zu erscheinen.

Eine Unsitte ist die Einstellung mancher Aussteller: „Der Richter wartet schon auf mich." Das muss er aber nicht. In der Ausstellungsordnung ist klar geregelt, dass verspätet in den Ring eingebrachte Hunde nicht bewertet werden müssen. Da ein Formwertrichter auch an

Ausstellungskatalog und die Startnummer des Hundes. Informieren Sie sich über den Zeitplan und die Ringeinteilung im Katalog, der noch viele weitere wertvolle Informationen enthält.

Denn wo bietet sich eine bessere Gelegenheit, wenn man zum Beispiel für seine Hündin einen passenden Deckrüden sucht, als auf einer Ausstellung? Im Katalog kann man alle notwendigen Angaben ersehen und kann den Rüden gleich an Ort und Stelle in Augenschein

Der Papillon wartet geduldig auf den Beginn der Show. Foto: Lehari

einen Zeitplan gebunden ist, ist das pünktliche Einbringen der Hunde im Ring besonders wichtig. Ansonsten kann der Zeitplan einer Ausstellung nicht eingehalten werden.

Das Richten

Der Helfer des Richters, ein so genannter Sonderleiter, ruft nun die jeweiligen Klassen auf. Als Erstes müssen Sie im Ring unter den anderen Teilnehmern Ihren Platz finden. Im Ring stellt man sich nach den Startnummern auf. Betritt der Richter die Mitte des Ringes, stellen alle Vorführer ihre Hunde zunächst einmal in Position. Sie stellen Ihren Hund so zum Richter, dass er ihn von der Seite gut und deutlich betrachten kann. So verschafft sich der Richter den ersten Überblick über die anwesenden Hunde.

Solange Sie nicht an der Reihe sind, lassen Sie Ihren Hund in dieser Wartesituation entspannen. Der Richter sieht ja noch den Hund in der Einzelbewertung, es ist also nicht nötig, Ihren Hund die gesamte Zeit gespannt zu halten. Denn das ist für Sie sehr schwer und übersteigt die Konzentrationsfähigkeit des Hundes.

Der Richter fordert nun den ersten Aussteller mit seinem Hund zur Einzelbewertung auf. Sind Sie an der Reihe, machen Sie Ihren Hund aufmerksam

Beim Laufen im Ring ist darauf zu achten, dass sich der Hund zwischen Ihnen und dem Richter befindet. Verdecken Sie Ihren Hund nicht, indem Sie ihn auf der falschen Seite führen.

Der Richter muss sich ein genaues Bild von dem Hund machen können. Foto: Widmann

und gehen dann zum Richter. In der Regel wird der Richter zunächst den Hund anfassen wollen. Er fühlt die Rippen ab, bei den Rüden überprüft er das Vorhandensein beider Hoden. Wenn er das Gebiss kontrollieren möchte, helfen Sie ihm, indem Sie den Hund so vor sich nehmen, dass er sich dem Richter nicht nach hinten entziehen kann. Er muss dem Hund den Fang problemlos öffnen können. Einige Rassen werden gemäß den Vorgaben des Rassestandards in der Schulterhöhe mit einem Holz- oder Metallmaß gemessen. Kleinere Rassen werden gelegentlich auf dem Richtertisch gemessen. Auch wollen die Richter die Mimik des Hundes und seine freundliche Ausstrahlung beurteilen. Dazu spricht der Richter den Hund an und achtet auf seine Reaktionen.

Danach lässt der Richter den Hund meist im „Dreieck" laufen. Dadurch kann er den Bewegungsablauf kontrollieren, während sich der Hund von ihm wegbewegt, seitlich vorbeiläuft und wenn er zu ihm zurückkommt. Beim geraden Gang darf man bei der Wendung den Schritt nicht verändern, vielmehr bewegt man sich in einer kleinen U-Wendung. Plötzliches Anhalten oder Umdrehen kann den Hund völlig aus dem Rhythmus bringen. Danach wird der Hund im Stand aufgebaut.

Fragen beantwortet man kurz und präzise. Während des Richtens selbst muss der Richter aber zügig und ungestört arbeiten können und darf nicht von jedem Aussteller in ein Gespräch oder in eine Diskussion verwickelt werden.

Nach dem Vorführen in der Bewegung begibt sich der Richter zum Richtertisch, um dem Ringschreiber die Bewertung des Hundes zu diktieren. Jetzt kommt es auf Sie an. Sie müssen Ihren Hund nun bestmöglich präsentieren. Wieder muss der Hund so aufgestellt werden, dass er für den Richter von der Seite zu beur-

Gespannt warten die Aussteller auf das Ergebnis.
Foto: Widmann

teilen ist. Halten Sie genügend Abstand zum Richtertisch, damit der Richter auch im Sitzen Ihren Hund in der Gesamtheit beurteilen kann. Versuchen Sie in diesem entscheidenden Moment Ruhe zu bewahren und konzentrieren Sie sich ausschließlich auf Ihren Hund.

Nichts auf dieser Welt darf Sie jetzt ablenken. Der Richter wird sich in der Regel nach

Die Entscheidung ist gefallen. Foto: Andres

Fairness unter den Konkurrenten ist wichtig. Foto: Widmann

Fertigstellen seines Urteils erheben und Sie zu Ihrem Platz zurückschicken.

Der bereits gerichtete Hund schließt sich nun entweder am Ende der wartenden anderen Hunde wieder der Reihe an oder er verlässt den Ring. Sie und Ihr Hund haben nun die Möglichkeit ein wenig zu entspannen. Nehmen Sie sich die Zeit, um in Ruhe durchzuatmen.

Ist die letzte Einzelbewertung geschrieben, ist die erste Entscheidung bereits gefallen. Alle Hunde, die mit der Formwertnote „Vorzüglich" bewertet worden sind, bleiben im Ring. Alle anderen müssen den Ring verlassen. Oft geht der Richter zu den Ausstellern, die ausscheiden müssen, und verabschiedet sie mit Handschlag, aber es kann auch sein, dass der

Sonderleiter oder Ringschreiber einfach nur ihre Nummern aufruft.

Haben Sie Glück und sind in der Endausscheidung dabei, wird es jetzt noch einmal sehr spannend und nun kommt es erneut auf Sie und Ihre gemeinsame Ausstrahlung an. Oft sind die mit „Vorzüglich" bewerteten Hunde so gleichmäßig gut, dass lediglich das bessere Vorstellen die Entscheidung bringt.

In der Regel müssen sie alle zusammen erneut ein paar Runden laufen, vielleicht auch noch einmal einzeln auf und ab. Anschließend kommt das letzte Aufstellen.

Geben Sie alles! Zeigen Sie den Hund in seiner ganzen Pracht!

Nun werden die Platztafeln aufgestellt. Dies sind Schilder mit den Ziffern 1 bis 4. Der Richter kommt meist zuerst zum Viertplatzierten und fordert ihn auf, seinen Hund zur entsprechenden Tafel zu führen.

Der Reihenfolge nach werden jetzt die ersten drei platziert.

Fairplay

Was sind nun also die nötigen Grundvoraussetzungen für ein erfolgreiches Ausstellen? Ich habe beschrieben, dass Ihr Hund dem Idealtyp seiner Rasse entsprechen, über ein gutes Gangwerk verfügen und zudem ordentlich sozialisiert sein muss. Er sollte Spaß daran haben,

andere Menschen und Hunde zu treffen, und dies auch gewohnt sein. Das Präsentieren hängt von Ihrem gründlichen Training ab!

Ganz gleich ob mit oder ohne Preis, Ihr Hund wird für Sie stets der schönste und liebste sein, und das ist gut und richtig so! Und dennoch: Eine gute Vorbereitung auf eine Zuchtschau ist der beste Garant, dass die Ausstellung für Mensch und Hund ein großartiges Erlebnis wird und nicht mit einem Fiasko endet. Ich hoffe, dass Ihnen und Ihrem Hund der Ausstellungssport Spaß bereiten wird, und wünsche Ihnen viel Erfolg und schöne Erlebnisse und Kontakte mit Gleichgesinnten!

So ein Ausstellungsbesuch macht hundemüde. Foto: Schmitt

Anhang

Adressen

Fédération Cynologique International (FCI)
Place Albert 1er, 13
B-6530 Thuin
Belgique
Tel.: +32 71 59 12 38
Fax.: +32 71 59 22 29
Internet: www.fci.be

Für Deutschland:
Verband für das
Deutsche Hundewesen e. V. (VDH)
Postfach 10 41 54
Westfalendamm 174
44041 Dortmund
Internet: www.vdh.de
E-Mail: info@vdh.de
Tel.: (02 31) 5 65 00-0
Fax: (02 31) 59 24 40

Für Österreich:
Österreichischer Kynologenverband (ÖKV)
Johann-Teufel-Gasse 8
A-1230 Wien
Tel.: +43 1 8 88 70 92 oder +43 1 8 88 70 93
Fax: +43 1 8 89 26 21
Internet: www.oekv.at
E-Mail: office@oekv.at

Für die Schweiz:
Schweizerische Kynologische Gesellschaft
Länggassstraße 8
Postfach 82 76
CH-3001 Bern
Tel.: +41 31 3 06 62 62
Fax: +41 31 3 06 62 60
Internet: www.hundeweb.org
E-Mail: skg@hundeweb.org

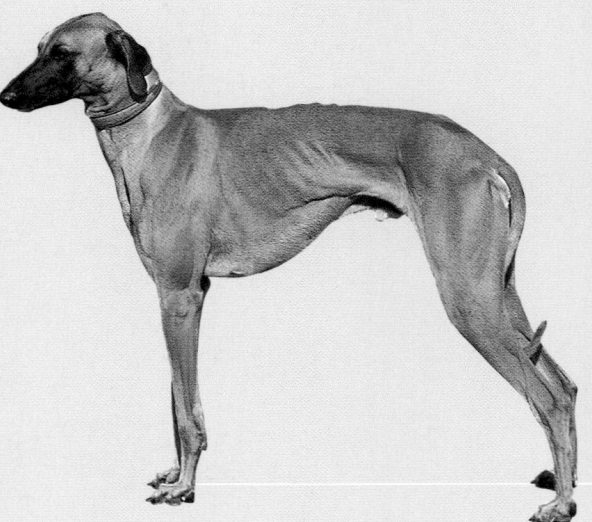